W0094174

Leserabe
Lies dich fit!

1. Lese-stufe

Frauke Nahrgang

Till, der Superheld

Mit Bildern von Axel Nicolai

Ravensburger Buchverlag

Tägliches Lesetraining mit Stickerspaß

Bibliografische Information der Deutschen Nationalbibliothek:

Die Deutsche Nationalbibliothek verzeichnet diese Publikation
in der Deutschen Nationalbibliografie.
Detaillierte bibliografische Daten sind im Internet
über http://dnb.d-nb.de abrufbar.

1 2 3 4 5 E D C B A

Ravensburger Leserabe
© 2018 Ravensburger Buchverlag Otto Maier GmbH
Postfach 18 60, 88188 Ravensburg
Umschlagbild: Axel Nicolai
Printed in Germany
ISBN 978-3-473-36554-8

www.ravensburger.de
www.leserabe.de

Inhalt

Hallo,
ich bin der Leserabe!

Lesen lernen ist gar nicht schwer,
wenn du jeden Tag übst.
10 Minuten pro Tag reichen aus!

Auf den nächsten beiden
Seiten lernst du den Held
der Geschichte kennen.
Und dann kann's auch schon
losgehen!

 **Lesen**

Lies jeden Tag
eine Geschichte.

 **? Rätseln**

Löse die
beiden Rätsel.

★ Stickern

Klebe die passenden
Sticker ein.

Poster

6. Super-Held

5. Der Löwe

4. Haltet den Dieb!

3. Das Auto

1. Herr Knödler

2. Der fiese Konrad

Ravensburger

**Nach jeder gelesenen Geschichte darfst
du einen Stern in dein Leseposter kleben.**
So kannst du sehen,
wie weit du schon bist.
Wenn alle Sticker eingeklebt sind,
bist du fit wie ein Turnschuh!

Auf geht's!

ABC

Das ist **Till**!

Till ist sieben Jahre alt.

Eigentlich ist Till

ein ganz normaler Junge.

Er guckt gerne fern, liebt Comics

und hasst Gemüse-Auflauf!

1. Herr Knödler

Heute hat Oma gekocht.
Gemüse-Auflauf!
Den mag Till überhaupt nicht.
Aber Oma behauptet,
davon wird man stark.

Ehrlich?

So stark wie Super-Held,

der tolle Typ

aus dem Fernsehen?

Sofort verdrückt Till

eine große Portion.

Aber danach

fühlt er sich gar nicht super

und auch nicht wie ein Held.

Oma hat also bloß geschwindelt.

Wütend knallt Till die Tür zu
und läuft die Treppe hinunter.
Dort begegnet er Herrn Knödler.

Oje, ihm gehört das Haus.
Deshalb hat Herr Knödler
immer etwas zu meckern.

Schon will er loslegen.
Doch dann starrt er Till bloß an.

„Schon gut, schon gut", murmelt er
und verschwindet in seiner Wohnung.
Komisch! Was hat er bloß?

Leserabe Rätsel

Was mag Till überhaupt nicht?

Füge die Silben richtig zusammen!

MÜ   AUF

GE

SE-   LAUF

12

Welches Wort passt nicht in die Reihe?

Rätsel 2

Wohnung, Comics, Treppe, Haus

Junge, wütend, super, stark

Oma, Herr Knödler, Super-Held, meckern

Lösungen
Rätsel 1: Gemüse-Auflauf
Rätsel 2: Comics, Junge, meckern

BOING ZONK

2. Der fiese Konrad

„He, kleiner Schisser!"
Auweia, der fiese Konrad
ist hinter Till her!
Kleine verhauen ist
sein liebstes Hobby.
Also nichts wie weg!

Zu spät!
Schon packt Konrad zu.
Doch da wirbelt Till herum.
Er schleudert den fiesen Konrad
– wusch – durch die Luft.

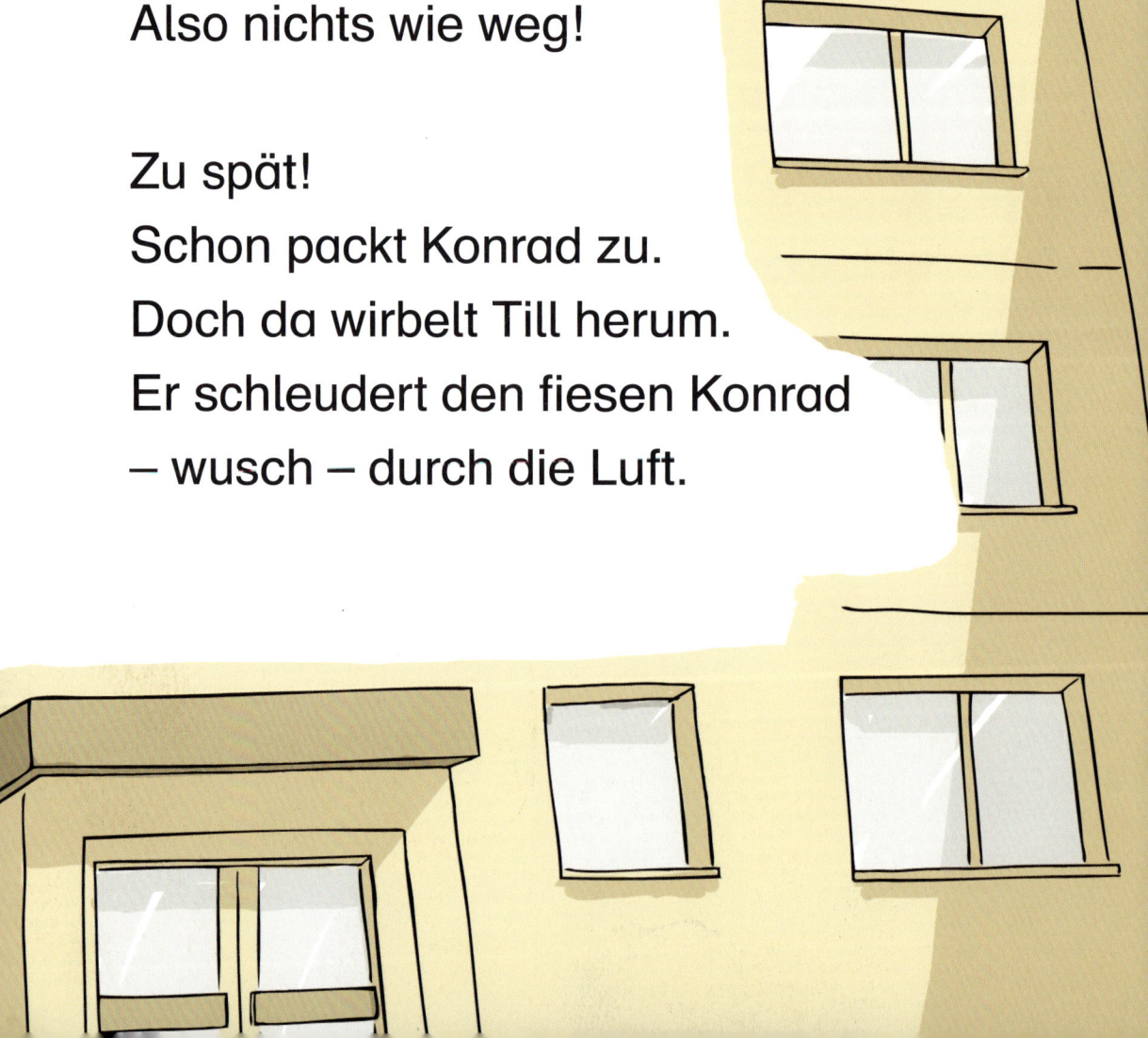

Plumps – landet Konrad
auf dem Dach.
Verdattert blickt Till zu ihm hoch.
Ängstlich schaut Konrad
zu Till herunter.
Dabei sieht er
gar nicht mehr fies aus.

„Entschuldigung!",
sagt er kleinlaut.
„Ich mache es nie wieder."

Till ruft die Feuerwehr an.
Die befreit Konrad
mit der Drehleiter.

Schnell macht Till sich davon,
ehe Konrad wieder Lust
auf sein liebstes Hobby bekommt.

Leserabe Rätsel

Finde das Lösungswort!

Rätsel 3

| Till schleudert Konrad auf | ····· das Dach **E** |
| | ····· den Boden **L** |

| Till ruft | ···· die Feuerwehr **L** |
| | ····· die Polizei **W** |

| Konrad | ····· wird wütend **E** |
| | ····· entschuldigt sich **D** |

Lösung: **H** ☐ ☐ ☐

18

Wahr oder falsch?

Kreuze an!

	wahr	falsch
Konrad trägt ein blaues T-Shirt.	○	○
Die Feuerwehr kommt.	○	○
Am Fenster steht ein kleiner Junge.	○	○
Konrad wird mit einer Drehleiter geholt.	○	○

Lösungen
Rätsel 3: Held
Rätsel 4: falsch, wahr, falsch, wahr

19

3. Das Auto

Plötzlich rollt ein Auto
an Till vorbei.
Ein Auto ohne Fahrer.
Ein Mann rennt hinterher.
„Halt!", ruft er. „Halt!"

Aber das Auto rollt
immer schneller.
Gleich wird es
im Fluss landen.
So ein Pech!
Oder doch nicht?

Denn auf einmal spurtet Till los.
Mit einem Sprung
kriegt er das Auto zu fassen.
An der Stoßstange zieht er es
auf die Straße zurück.

Der Mann ist überglücklich.
„Danke!", jubelt er.
„Jetzt werde ich
die Handbremse
nie mehr vergessen."

Dann überlegt er:
„Woher kenne ich dich?
Vielleicht aus dem Fernsehen?"

Till schüttelt den Kopf.
Er war noch nie im Fernsehen.
Der Mann täuscht sich.
Ganz bestimmt.

Leserabe Rätsel

Wohin rollt das Auto?

Rätsel 5

Folge den Linien!

U	F	S	L	S

Findest du die fünf Wörter?

A	S	R	H
U	K	O	E
T	I	L	L
O	N	L	D
E	D	T	T

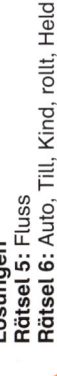

Lösungen
Rätsel 5: Fluss
Rätsel 6: Auto, Till, Kind, rollt, Held

4. Haltet den Dieb!

Halt!
Was ist das für ein Lärm?
Eine Frau wird gerade überfallen.
Der Dieb stiehlt ihre Tasche.

„Hilfe!", schreit die Frau. „Hilfe!"
Aber wer soll ihr helfen?
Hier ist niemand.
Niemand außer Till.
Und der kann doch
nichts machen, oder?

Aber als der Dieb vorbeirennt,
sagt Till: „Halt, Freundchen!"
Blitzschnell fährt Till
ein Bein aus.
Schwupp – liegt der Dieb
auf der Nase!

Till nimmt den Schurken
in den Schwitzkasten
und hält ihn fest,
bis die Polizei kommt.

Die Polizisten sagen:
„Gut, dass Super-Held
uns bei der Arbeit hilft!"

Wow! Super-Held
ist in der Nähe?
Leider kann Till ihn
nirgendwo entdecken.
Schade!

Ordne die Sätze den Bildern zu!

Rätsel 7

A) Till wundert sich.

B) Die Frau ist wütend.

C) Der Dieb erschrickt.

1   **2**   **3**

Findest du die fünf Unterschiede?

Lösungen
Rätsel 7: 1B, 2C, 3A
Rätsel 8: Hut der Polizistin, Bart, Waffenholster, Schirm, Dutt

5. Der Löwe

Plötzlich bricht Panik aus.
Schreiende Menschen
rennen vorbei.
Ein Mann brüllt:
„Der Löwe ist ausgebrochen!"

O nein!

Till will auch flüchten.

Geht nicht!

Seine Beine bleiben

einfach stehen.

Da kommt die Bestie schon.

Aber auf einmal hat Till

gar keine Angst mehr.

Er sagt ganz ruhig: „Platz!"
Und wirklich!
Der Löwe setzt sich.
Er gibt Pfötchen
und lässt sich sogar streicheln.

Till steigt auf seinen Rücken
und reitet zurück zum Zoo.
Die Leute bleiben stehen
und rufen: „Bravo, Super-Held!"

Na, so was!
Super-Held ist also
wirklich in der Stadt.
Zu gerne möchte Till
ihn auch einmal sehen.

Leserabe Rätsel

Rätsel 9

BESTIEPANIKFLUCHT

ANGSTZOOPFÖTCHEN

BRAVORÜCKENREITEN

In welchen Wörtern findest
du den Buchstaben L?
Kreuze an!

1   2   3

4   5   6

Lösungen
Rätsel 9: Bestie – Panik – Flucht;
Angst – Zoo – Pfötchen; bravo – Rücken – reiten
Rätsel 10: 2 Auflauf, 4 Löwe, 5 Herr Knödler

6. Super-Held

Schnell verabschiedet Till sich
von dem Löwen
und macht sich auf die Suche.

Und wirklich!
Da ist er,
Super-Held persönlich!
Begeistert läuft Till auf ihn zu
und – stößt sich die Nase.

Es ist gar nicht der Held
aus dem Fernsehen.
Es ist Tills eigenes Spiegelbild.
Wie ist das möglich?

Oma!

Oma und ihr Gemüseauflauf!

Es war also doch

kein Schwindel!

Glücklich betrachtet Till sich

im Schaufenster.

Dann versteckt er den Umhang

und die Maske unter seiner Jacke.

Besser, Mama weiß nichts davon.

Sonst will sie von ihm
lauter Heldentaten:
Den Müll rausbringen,
das Zimmer aufräumen,
einkaufen gehen.

Nein, dass Till jetzt
ein echter Held ist,
das bleibt sein Geheimnis.

Leserabe Rätsel

Achtung, Spiegelbild!

Rätsel 11

Kannst du die Wörter lesen?

Tipp:

Nimm einen Spiegel.

Nase

Geheimnis

Maske

Held

Umhang

Kennst du den Text?
Fülle die Lücken aus!

Till liest gerne

| | | | **I** | **C** | |

(Seite 6)

| | **M** | |

kocht Gemüse-Auflauf.

(Seite 8)

Ein Dieb stiehlt die

| **T** | | | | | |

(Seite 26)

Till kann den Löwen sogar

| **S** | | | | **C** | **H** | | | **N** |

(Seite 34)

Lösungen
Rätsel 11: Nase, Geheimnis, Maske, Held, Umhang
Rätsel 12: Comics, Oma, Tasche, streicheln

Rabenpost

Herzlichen Glückwunsch!

Du hast das ganze Buch geschafft
und die Rätsel gelöst, super!
Jetzt bist du richtig fit im Lesen!

Hast du auch die versteckten Buchstaben
in den Bildern der Geschichten entdeckt?

In jeder Geschichte findest du **einen**
Buchstaben.

Trage die Buchstaben in die Kästchen
ein. So findest du das Lösungswort für
die Rabenpost heraus!

Lösungswort:

1	2	3	4	5	6

Jetzt ist es Zeit für die Rabenpost.
Wenn du das Lösungswort herausgefunden
hast, kannst du tolle Preise gewinnen!

Gib es auf der **Leserabe** Website ein
▶ www.leserabe.de,

mail es uns ▶ leserabe@ravensburger.de

oder schick es mit der Post.

Lösungswort:

An
den LESERABEN
RABENPOST
Postfach 2007
88190 Ravensburg
Deutschland

Ravensburger Bücher

Leserabe
Lies dich fit!

1. Lesestufe

ISBN 978-3-473-36520-3

ISBN 978-3-473-36521-0

ISBN 978-3-473-36538-8

ISBN 978-3-473-36537-1

2. Lesestufe

ISBN 978-3-473-36523-4

ISBN 978-3-473-36522-7

ISBN 978-3-473-36539-5

ISBN 978-3-473-36540-1

www.leserabe.de

Tägliches Lesetraining mit Stickerspaß

Ravensburger

ERZ_15_025